PUBLICATION DE LA RÉUNION DES OFFICIERS

ÉCOLES RÉGIMENTAIRES

EMPLOI DU TEMPS

ET

PROGRAMME

OU

PLAN MÉTHODIQUE D'ÉTUDES POUR L'ENSEIGNEMENT DU
PREMIER DEGRÉ DANS LES COMPAGNIES

Par D. FOURNOLS

LIEUTENANT AU 97ᵉ D'INFANTERIE

DEUXIÈME ÉDITION REVUE ET AUGMENTÉE

PRIX : 50 CENTIMES

PARIS

LIBRAIRIE MILITAIRE DE J. DUMAINE
LIBRAIRE-ÉDITEUR
30, RUE ET PASSAGE DAUPHINE, 30

1873

[illegible]

[illegible]
[illegible]

[illegible]

[illegible]

Prix : 50 centimes

PARIS
[illegible]
[illegible]

1879
[illegible]

QUELQUES MOTS SUR MON PROGRAMME

Le but que je me suis proposé, dans le Guide et le Programme qui suivent, a été d'éliminer le plus possible toutes les difficultés que j'ai rencontrées moi-même, depuis l'heureuse innovation des *écoles régimentaires* par compagnies, et d'établir l'*unité* dans le travail.

Afin de répondre le mieux possible aux vues de Monsieur le Ministre, j'ai cru indispensable de dresser un Emploi du temps pour chaque séance d'école, et de préciser les matières d'enseignement à apprendre mensuellement.

Pour que l'enseignement puisse être progressif, j'ai réparti chaque séance en trois pauses, et l'école en trois divisions : la première division comprendra les hommes qui peuvent écrire sous la dictée et lire couramment ; la deuxième, ceux qui commencent à assembler les lettres et à écrire des mots ; la troisième, ceux qui ne savent ni lire ni écrire. S'il se montrait quelques intelligences trop rebelles aux soins des moniteurs, elles constitueraient une quatrième division, pour laquelle un programme spécial m'a paru inutile, puisqu'il n'y aurait alors qu'à répéter les principes de la troisième division.

Le mode d'examen trimestriel des écoles, depuis le mois de juillet dernier, m'ayant permis aussi de me rendre compte de la difficulté de la tâche qui incombe à l'examinateur chargé de constater, en quelques minutes, le travail et les progrès des hommes, j'ai pensé qu'il conviendrait de ménager ceux de toutes les compagnies dont un travail opiniâtre et réel ne serait point couronné d'un succès éclatant; d'éviter de blesser leur amour-propre, et de leur accorder quelque part dans les éloges qui peuvent être adressés à leurs camarades.

Un programme uniforme, outre qu'il remédiera à certains inconvénients de rivalité, entretiendra l'émulation et mettra chaque homme à même de juger s'il a satisfait ou non aux questions qui lui auront été posées.

Ainsi les nuances des progrès mensuels et trimestriels pourront être jugées avec la plus grande impartialité, puisque tous les élèves auront étudié les mêmes matières.

Ce Programme pourra paraître un peu trop restreint; l'auteur n'a pas perdu de vue qu'il s'adresse à des hommes n'ayant reçu aucun élément d'instruction.

Il sera facile d'en étendre le cercle au fur et à mesure des besoins.

Chambéry, le 1ᵉʳ janvier 1873.

D. FOURNOLS.

MÉTHODE D'ENSEIGNEMENT

Exemple : Les hommes s'étant groupés par divisions le plus commodément possible dans la chambre, chaque moniteur fait l'appel de sa division et prend note des absents. Il ouvre ensuite le programme page 10, *Emploi du temps*, et regarde ce qui doit être fait ce jour-là. Soit, à la 3ᵐᵉ colonne, — Lundi, — il lit : *Grammaire et Orthographe*. — Pour bien faire cette leçon, il se reporte à la page 14, 5ᵐᵉ colonne, 1ʳᵉ division, 3ᵐᵉ cours, — LE NOM. — Il désigne un élève et lui demande :

— Qu'est-ce que le nom ?

S'il ne le sait pas, il faut le lui apprendre soi-même, en attirant l'attention des autres élèves.

R. Le nom est un mot qui sert à nommer les personnes et les choses.

Pour faire mieux comprendre cette définition, vous montrez aux hommes le premier objet venu, un fusil, par exemple, et vous leur demandez le nom de l'objet que vous touchez. Bien entendu, ils répondront :

— C'est un fusil.

— Fusil est donc le nom de cet objet. A quoi sert le nom fusil ?

— Il sert à nommer cet objet.

— Alors, vous voyez que le nom sert à nommer.

Faites-en autant pour le nom de chacun d'eux, et par là vous leur montrerez que le nom sert à nommer les personnes et les choses.

On multiplie les exemples en leur montrant les objets qu'ils ont sous les yeux.

D. Combien y a-t-il de sortes de noms ?

D. Qu'est-ce que le nom propre ?

D. Qu'est-ce que le nom commun ?

D. Que remarque-t-on dans les noms ?

R. On remarque le genre et le nombre.

Pour le calcul, on suit le même mode d'enseignement. Il faudra donner à chaque division des exercices selon sa force.

Des problèmes développeront beaucoup l'intelligence de chaque soldat et feront connaître les plus hardis. Exemple :

Napoléon Iᵉʳ naquit en Corse en 1769, fut capitaine en 1793, général en chef en 1794, premier consul en 1799, empereur en 1804, et mourut en 1821 ; quel âge avait-il à ces diverses époques ?

Ceux qui ne pourraient traiter ces petites questions devront opérer sur r le tableau, pour y résoudre des petites opérations ; mais, lorsqu'ils possé-deront complétement l'addition et la soustraction, il faudra les habituer à des exemples oraux. Exemples :

Le sou vaut 5 centimes ; que valent 19 sous ?

Gramin a reçu 15 francs. Il a acheté un pantalon 5 francs, une brosse 60 centimes, un couteau 40 centimes ; combien lui reste-t-il ?

Il est évident qu'il faudra répéter plusieurs fois l'exemple cité, avant que des hommes déjà âgés puissent le retenir. Le moniteur devra mon-trer une patience à toute épreuve, et avoir surtout beaucoup de douceur. Il se rappellera qu'avec une parole d'encouragement il peut obtenir ce que la rigueur ni des paroles blessantes n'obtiendraient jamais.....

La marche à suivre dans l'enseignement de la lecture et de l'écriture résulte de la méthode ou du mode employé par chaque commandant de compagnie. Toutefois, je me permets de citer la méthode de lecture de M. Villemereux, inspecteur général de l'instruction publique, et la nou-velle méthode d'écriture française par Ed. Flament, professeur.

L'expérience a prouvé que les élèves laborieux et possédant une bonne méthode pouvaient apprendre à lire et écrire en moins de six mois.

Il ne m'appartient pas de résoudre la question des livres à employer dans les écoles de compagnie ou du premier degré. Cependant, je veux bien dire le titre de ceux que j'emploie. Savoir :

LIVRES DE LECTURE COURANTE.

Livre de Lecture courante, divisé en quatre petits volumes, par Lebrun.

Les ouvriers en famille, ou Entretiens sur les devoirs, ouvrage couronné par l'Académie française, par Audiganne.

Méditations de caserne, par Longuet, officier supérieur en retraite.

Souvenirs du métier, par le même.

Le petit livre de la chambrée, par le même.

Conseils d'un militaire à son fils, par M. le baron d'A., colonel d'infanterie.

Manuel du soldat, publication de la Réunion des officiers.

Manuel de civilité, par Choquet, officier de l'instruction publique.

LIVRES D'ÉTUDES.

Petite Grammaire lexicologique, par Larousse.

Grammaire de la langue française, par Lucien Leclair.

Arithmétique, par Leyssenne. (1re Année.)

Histoire de France, par Pigeonneau. (Simples récits.)

Petite Géographie, par Hinzelin.

EMPLOI DU TEMPS

ou

GUIDE DES MONITEURS

DES

ÉCOLES RÉGIMENTAIRES DU 1er DEGRÉ

DIVISIONS	PAUSES.	LUNDI	MARDI
1re DIVISION.	1re	**Grammaire et Orthographe** — Le moniteur fera une leçon de grammaire. — Un devoir en rapport avec la leçon sera écrit au tableau.	**Lecture.**
	2e	**Français.** — Les élèves feront le devoir écrit au tableau.	**Orthographe.** — Dictée et correction.
	3e	**Arithmétique.** — Problèmes de calcul à résoudre.	**Arithmétique.** — Correction du problème fait la veille. — Leçon de système métrique.
2e DIVISION.	1re	**Écriture.** — Cahiers imprimés.	**Arithmétique.** — Numération. — Écriture de nombres.
	2e	**Lecture** sous la surveillance d'un moniteur. — Leçon de grammaire.	**Écriture.**
	3e	**Arithmétique.** — Addition et soustraction.	**Lecture.** — Leçon de grammaire.
3e DIVISION.	1re	**Éléments** de lecture sous la direction d'un moniteur.	**Écriture.** — Cahiers imprimés.
	2e	**Arithmétique.** — Copie de nombres.	**Lecture** sous la direction d'un moniteur.
	3e	**Écriture.** — Premiers éléments.	**Arithmétique.** — Copier des nombres et les apprendre.

ENSEIGNEMENT MUTUEL

PROGRAMME

Tableau n° 1.

LECTURE

OBSERVATIONS.	1re, 2e ET 3e DIVISIONS. 1er, 2e ET 3e COURS.
	Etude des éléments. Application de ces éléments. Réunions. Epellations. Syllabes. Dès que les hommes posséderont suffisamment la méthode de lecture à leur usage, ils passeront à la lecture courante. Cette lecture sera d'abord collective, lente et syllabée, puis chaque homme lira individuellement. Un exercice d'orthographe et l'explication de certains mots terminera cette pause.

Tableau n° 2.

ÉCRITURE

OBSERVATIONS.	MOIS.	3e DIVISION. 1er COURS	2e DIVISION 2e COURS.	1re DIVISION. 3e COURS.
		Tracé sur l'ardoise de lettres, de chiffres, de mots, de petites phrases. Exercices sur le papier; cahiers imprimés; éléments de cursive. Ecriture en gros, moyen et fin.	Eléments de cursive. Ecriture en gros, moyen et fin. Applications sur les lettres bouclées. Majuscules.	Exercices en gros, moyen et fin. Lettres bouclées. Majuscules. Exercices variés sur les éléments.

Tableau N° 3.

LANGUE FRANÇAISE

OBSERVATIONS.	MOIS.	3° DIVISION. — 1er COURS.	2e DIVISION. — 2e COURS.	1re DIVISION. — 3e COURS.
	1er MOIS.	Lettres. Voyelles et con-sonnes. Le nom.	Le nom. Nom commun et nom propre. Distinction du nom commun et du nom propre.	Le nom. Nom commun et nom propre. Le genre et le nombre.
	2e MOIS.	Le nom. Nom commun et nom propre.	Le genre et le nombre. Exercices d'ap-plication.	Exercices d'application sur le genre et le nombre. Conjugaison écrite. Temps simples et temps composés.
	3e MOIS.	Le genre et le nombre. Exercices d'ap-plication. Formation du pluriel dans les noms.	Formation du pluriel dans les noms. Exercices d'ap-plication. Adjectifs qualifi-catifs.	Conjugaison écrite. Adjectifs qualifi-catifs. Applications sur l'accord de l'ad-jectif avec le nom.
	4e MOIS.	Formation du pluriel dans les noms (suite). Adjectif.	Adjectifs qualifi-catifs. Règles d'accord avec le nom.	Adjectifs détermi-natifs. Définitions et ap-plications. Pronom.
	5e MOIS.	Adjectifs quali-ficatifs. Formation du féminin. Règle générale.	Nombreux exer-cices d'appli-cation sur l'ac-cord de l'adjec-tif avec le nom.	Suite du pronom. Conjugaison écrite. Le verbe.

TABLEAU COMPARATIF DES COMPOSITIONS MENSUELLES

OU

GUIDE PRATIQUE POUR LE CLASSEMENT TRIMESTRIEL DES HOMMES

D'APRÈS LEUR DEGRÉ D'INSTRUCTION.

Nos MATRICULES	NOMS.	EN LECTURE.					EN ÉCRITURE.					EN CALCUL.					EN FRANÇAIS.					TOTAUX	CLASSEMENT GÉNÉRAL.
		1er Mois.	2e Mois.	3e Mois.	TOTAL.	CLASSEMENT trimestriel.	1er Mois.	2e Mois.	3e Mois.	TOTAL.	CLASSEMENT trimestriel.	1er Mois.	2e Mois.	3e Mois.	TOTAL.	CLASSEMENT trimestriel.	1er Mois.	2e Mois.	3e Mois.	TOTAL.	CLASSEMENT trimestriel.		
5284	Auguste	1	1	2	4	1	1	1	1	3	1	2	1	1	4	1	1	2	2	5	2	5	1
7025	Félix	3	4	1	8	2	2	1	2	5	2	1	1	2	4	1	2	1	1	4	1	6	2
8939	Désiré	5	2	3	10	3	3	3	3	9	3	2	2	2	6	2	1	2	1	4	1	9	3
3007	Dominique	7	5	4	16	5	4	2	5	11	4	3	2	3	8	3	3	4	3	10	3	15	4
9199	Charles	4	3	5	12	4	5	4	4	13	5	4	3	4	11	4	4	4	4	12	4	17	5
4012	Marius	6	5	6	17	6	6	5	7	18	6	5	4	5	14	5	5	3	4	12	4	21	6

PLACES OBTENUES DANS LES COMPOSITIONS

NOTA. — Pour plus de clarté, le classement trimestriel sera fait à l'encre rouge sur les contrôles de compagnie. (*Voir l'explication du tableau au verso.*)

EXPLICATION

DU

TABLEAU COMPARATIF DES COMPOSITIONS.

—

Supposons que vous ayez fait une composition d'écriture dans le premier mois, comme cela doit être, l'élève qui aura le mieux écrit sera le premier. Alors, en face de son nom, et dans la colonne désignée par le premier mois, vous posez le chiffre 1, qui veut dire que cet homme est le premier.

Si deux hommes ont fait aussi bien l'un que l'autre, mettez-les premiers tous deux; ils auront une note égale.

Opérez ainsi pour toutes les autres compositions.

A la fin du trimestre, celui qui aura le moins de points sera le premier, car il aura évidemment obtenu toujours les premières places. Le classement se trouvera tout fait, et chaque commandant de compagnie pourra désigner les hommes ayant fait des progrès, ou tout au moins les plus instruits de la compagnie.

DIVISIONS	PAUSES.	MERCREDI	JEUDI
1re DIVISION.	1re	**Histoire de France.** — L'enseignement de l'histoire aura lieu sous forme de récits.	**Grammaire et Orthographe** — Le moniteur fera une leçon de grammaire. — Un devoir en rapport avec la leçon sera écrit au tableau.
	2e	**Écriture.**	**Français.** — Les élèves feront le devoir écrit au tableau.
	3e	**Arithmétique.** — Problèmes à résoudre.	**Arithmétique.** — Problèmes de calcul à résoudre.
2e DIVISION.	1re	**Histoire de France.** — L'enseignement est commun avec la 1re division.	**Écriture.** — Cahiers imprimés.
	2e	**Lecture** et **Leçon de Grammaire.**	**Lecture** sous la surveillance d'un moniteur. — Leçon de grammaire.
	3e	**Écriture.**	**Arithmétique.** — Addition et soustraction.
3e DIVISION.	1re	**Histoire de France.** — Comme les autres divisions.	**Lecture.** — Eléments, sous la direction d'un moniteur.
	2e	**Écriture.**	**Arithmétique.** — Copier des nombres et les apprendre.
	3e	**Lecture.**	**Écriture.** — Premiers éléments.

DIVISIONS	PAUSES.	VENDREDI	SAMEDI
1re DIVISION.	1re	**Géographie.** — Leçon commune aux trois divisions.	La séance d'école est remplacée par les soins et travaux de propreté réglementaires pour les inspections du dimanche.
	2e	**Orthographe.** — Dictée et correction.	
	3e	**Lecture** faite par un moniteur, et choisie dans les récréations de l'école militaire.	—
2e DIVISION.	1re	**Géographie.** — Leçon commune aux trois divisions.	Nota. La mise au net des dictées aura lieu en dehors des heures d'école et sera l'objet d'un travail facultatif. Ce travail aura pour but de faire connaître ceux des hommes qui auront réellement le désir de s'instruire.
	2e	**Écriture.**	
	3e	Même leçon que pour la 1re division.	—
3e DIVISION.	1re	**Géographie.**	Chaque leçon de lecture faite à la 3e division sera suivie d'une leçon de français.
	2e	**Lecture.**	
	3e	Lecture simultanée des trois divisions.	

OBSERVATIONS.	MOIS.	3e DIVISION.	2e DIVISION.	1re DIVISION.
		1er COURS.	2e COURS.	3e COURS.
	6e MOIS.	Révision des cinq premiers mois.	Révision des cinq premiers mois.	Révision des cinq premiers mois.
	7e MOIS.	Formation du féminin dans les adjectifs. Exceptions. Applications.	Adjectifs déterminatifs. Définitions. Applications.	Le verbe (suite). Le sujet. Les compléments. Distinction des verbes.
	8e MOIS.	Nombreux exercices d'application sur la formation du féminin dans les adjectifs. Formation du pluriel. Règle générale.	Adjectifs déterminatifs (suite). Continuation des exercices d'application.	Suite du verbe. Radical et terminaison. Temps simples et temps composés.
	9e MOIS.	Formation du pluriel dans les adjectifs. Exceptions.	Pronom. Définitions et applications.	Suite du verbe. Petite analyse grammaticale.
	10e MOIS.	Nombreux exercices d'application sur l'accord de l'adjectif avec le nom.	Suite du pronom. Conjugaison des verbes auxiliaires.	Conjugaison de verbes réguliers et irréguliers. Modifications.
	11e MOIS.	Pronom. Conjugaison orale. Division du verbe en temps simples et en temps composés.	Exercices de conjugaison orale et écrite. Temps simples et temps composés. 1re Conjugaison.	Le verbe (suite). Temps primitifs et temps dérivés.
	12e MOIS.	Examen annuel des matières déjà apprises.	Examen annuel des matières déjà apprises.	Examen annuel des matières déjà apprises.

Tableau n° 4.

CALCULS

OBSERVATIONS.	MOIS.	3e DIVISION. — 1er COURS.	2e DIVISION. — 2e COURS.	1re DIVISION. — 3 COURS.
	1er MOIS.	Numération parlée. Enumération des nombres jusqu'à 100, puis jusqu'à 1,000.	Numération écrite. Ecrire les nombres jusqu'à 100. Décomposition en dizaines et unités.	Numération écrite Nombres entiers. Division en tranches.
	2e MOIS.	Numération écrite. Ecrire les nombres jusqu'à 100. Exercices au tableau.	Ecrire les nombres jusqu'à 100. puis jusqu'à 1,000. Décomposition en centaines, dizaines et unités.	Nombres entiers et décimaux. Opérations.
	3e MOIS.	Suite de la numération. Ecrire les nombres jusqu'à 100, puis jusqu'à 1,000.	Addition et soustraction. Exercices au tableau.	Opérations. Problèmes. Système métrique Multiples et sous-multiples.
	4e MOIS.	Division des nombres en tranches. Nombres entiers et décimaux.	Addition et soustraction. Petits problèmes Table de multiplication.	Système métrique Différentes espèces de mesures. Unités principales Problèmes.
	5e MOIS.	Nombres entiers et décimaux. Addition et soustraction.	Multiplication. Petits problèmes oraux sur les trois premières opérations	Syst. métrique. Mètre, litre, gr. Problèmes appliqués au système métrique.
	6e MOIS.	Révision des cinq premiers mois.	Révision des cinq premiers mois.	Révision des cinq premiers mois.

OBSERVATIONS.	MOIS.	3e DIVISION. 1er COURS	2e DIVISION. 2e COURS.	1re DIVISION. 3e COURS.
	7e MOIS.	Addition et soustraction. Petits problèmes au tableau noir.	Multiplication (suite). Petits problèmes oraux.	Multiplication des nombres par 10, 100, 1,000. Problèmes raisonnés.
	8e MOIS.	Addition et soustraction. Table de multiplication. Exercices au tableau.	Nombreux exercices de calcul oral sur les trois premières opérations	Système métrique Mesure de surface. Mètre carré, are.
	9e MOIS.	Table de multiplication. Continuation des exercices oraux au tableau.	Division. Petits problèmes écrits.	Problèmes sur les quatre opérations, appliqués au système métrique.
	10e MOIS.	Multiplication. Petits problèmes oraux sur l'addition et la soustraction.	Division (suite). Nombreux exercices oraux sur les trois premières opérations.	Continuation des matières enseignées dans le mois précédent.
	11e MOIS.	Multiplication (suite) Petits problèmes oraux sur les trois premières opérations.	Division (suite). Reste de la division. Exercices écrits. Règle pratique. Preuve.	Système métrique Volume, mètre cube, décimètre cube, cent. cube Problèmes raisonnés.
	12e MOIS.	Examen annuel des matières déjà apprises.	Examen annuel des matières déjà apprises.	Examen annuel des matières déjà apprises.

Tableau N° 5.

HISTOIRE DE FRANCE

OBSERVATIONS	MOIS	1re, 2e ET 3e DIVISIONS 1er 2e ET 3e COURS.
	1er MOIS.	La Gaule et les Gaulois. — Aspect de la Gaule. — Religion et mœurs des Gaulois. — Expéditions des Gaulois. — César en Gaule.
	2e MOIS.	Vercingétorix et César. — Invasion des Barbares. Les Francs. — Clovis. — Les Rois fainéants et les Maires du palais.
	3e MOIS.	Pépin le Bref. — Charlemagne empereur. — Les Fils de Louis le Débonnaire à Fontenay. — Décadence de l'Empire. — Invasions normandes. — Siége de Paris.
	4e MOIS.	Derniers Carlovingiens et premiers Capétiens. — La Chevalerie. — Trève de Dieu. — Philippe-Auguste.
	5e MOIS.	Les Croisades. — Pierre l'Ermite. — Godefroy de Bouillon. — Saint Louis. — Croisades d'Egypte et de Tunis.
	6e MOIS.	Les Valois. — Guerre de Cent Ans. — Crécy. — Calais. — Poitiers. — Les Anglais en France. — Duguesclin. — Jeanne d'Arc à Donremy, à Orléans, à Reims, à Rouen.

OBSERVATIONS	MOIS.	1re, 2e ET 3e DIVISIONS 1er, 2e ET 3e COURS
	7e MOIS.	Les Français en Italie. — François Ier. — Bayard. — Marignan. — Pavie.
	8e MOIS.	La Réforme en France. — Guerres de Religion. — La Saint-Barthélemy. — Henri IV et Sully. — Siége de Paris.
	9e MOIS.	Louis XIII. — Richelieu. — Louis XIV. — Mazarin. — La Fronde. — Condé. — Turenne. — Luxembourg.
	10e MOIS.	Louis XV et Louis XVI. — La Révolution. — Valmy. — Jemmapes. — Fleurus. — Bonaparte. — Campagne d'Italie.
	11e MOIS.	Campagne d'Egypte. — Consulat. — Marengo. — Empire. — Austerlitz. — Iéna. — Wagram. — Campagne de Russie. — Les Cent-Jours. — Waterloo.
	12e MOIS.	Examen annuel des matières déjà apprises.

NOTA. — Le cours d'histoire devant être fait sous forme de récits, les moniteurs pourront rendre les premières leçons plus attrayantes aux hommes en y développant, de temps à autre, les événements qui ont eu lieu depuis 1815 jusqu'à nos jours. (*Histoire de France*, par Pigeonnneau.)

Tableau N° 6.

GÉOGRAPHIE

OBSERVATIONS	MOIS.	1re, 2e ET 3e DIVISIONS 1er, 2e ET 3e COURS
— Guerres de Religion. — Henri IV et Sully.	1er MOIS.	La Garnison. — Le Canton. — Le Département. — La France. — Montagnes. — Chaîne de montagnes. — Plateau. — Vallée. — Lac. — Fleuve. — Rivière. — Ile. — Cap, etc.
— Louis XIV. — Mazarin. — Turenne. — Luxem-	2me MOIS.	Forme de la terre. — Division du globe. — Les grandes puissances et les grandes villes de l'Europe. — Les océans et les mers.
	3e MOIS.	France. — Ses bornes. — Ses principales chaînes de montagnes. — Ses grands bassins. — Les grands fleuves avec leurs affluents. — Versants.
— La Révolution. — —	4e MOIS.	Anciennes provinces de la France. — Division en départements.
	5e MOIS.	Départements avec leurs chefs-lieux.
— Marengo. — — Wagram. — Les Cent-Jours. —	6e MOIS.	Révision des matières du semestre.
	7e MOIS.	Départements avec leurs chefs-lieux (suite).
déjà apprises.	8e MOIS.	Départements avec leurs chefs-lieux (suite).
	9e MOIS.	Départements limitrophes et maritimes. — Colonies françaises.
	10e MOIS.	Chemins de fer, routes et canaux. — Lignes télégraphiques.
	11e MOIS.	Divisions militaires et légions de gendarmerie.
	12e MOIS.	Révision générale.

PARIS. — IMPRIMERIE WALDER, RUE BONAPARTE, 44.